El Equipo Smash

Cinco Chicas Increíbles; Un Caballo Increíble

escrito por
Artemis Greenleaf

"Un caballo valiente, que intenta ganar por su propio ímpetu, correrá aun mas rápido si le dan apoyo."
Ovid

Punto de Interés:
El equipo policiaco montado de Nueva Gales del Sur en Australia es el equipo ecuestre mas antiguo del mundo que todavía sigue en servicio. Se fundó en 1830 y ha seguido en servicio desde entonces.

Parte 1

Smash

Punto de Interés:
Todo caballo de Libro
Genealogico tienen
el mismo cumpleaños
oficial — el 1ero de
enero.

El día en que nació el potro de raza American Paint, "A Box Office Smash" fue un día en febrero frio. El potrito nació en el rancho de Stacey y Terry Kull, Lost Creek Ranch.

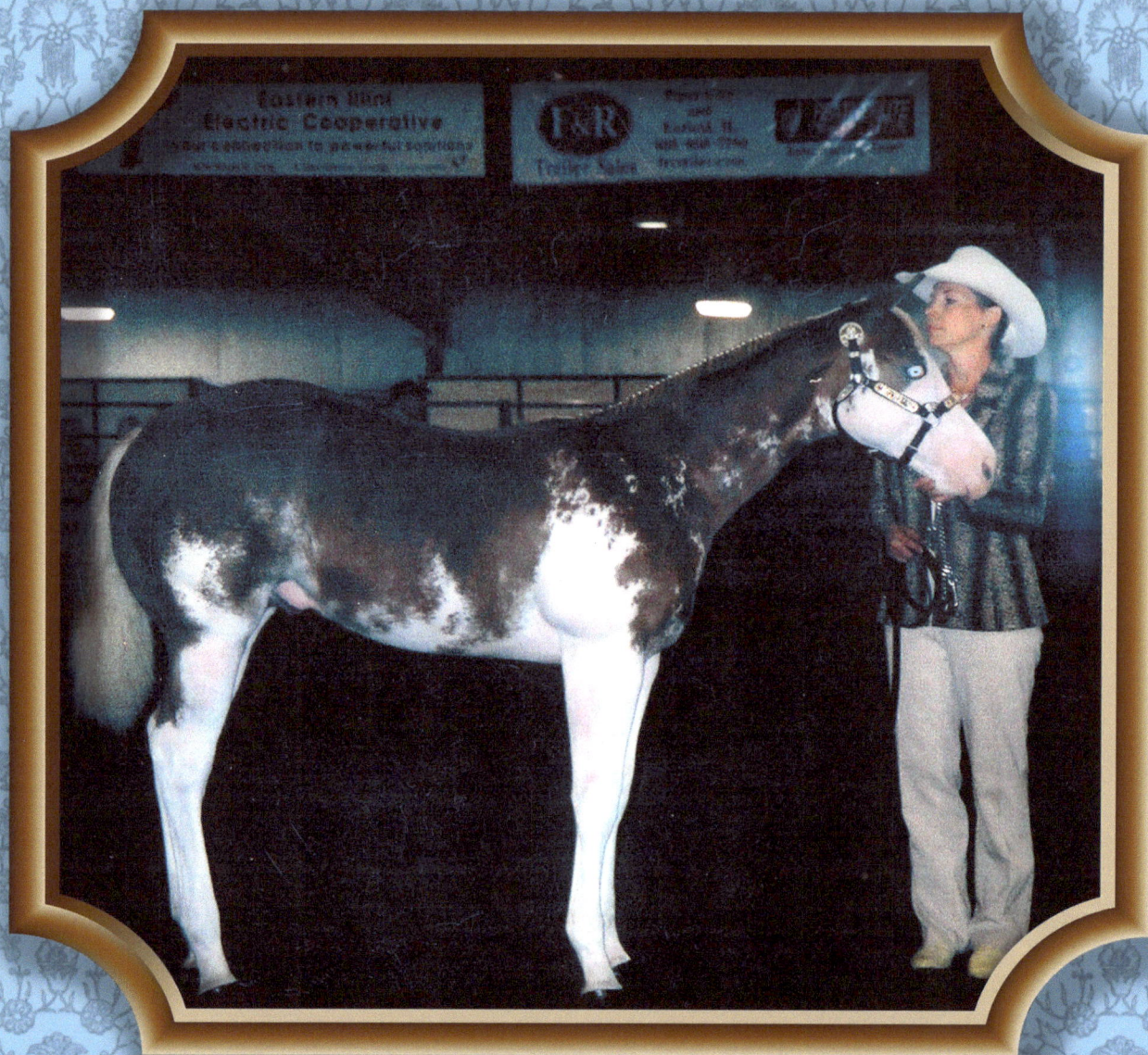

Smash nació para ser un caballo de presentación. Gano primer lugar como yearling en el Congreso de Caballos de la Raza American Paint del 2005! Aunque tuvo gran éxito en los espectaculos, su entrenador notó que había algo diferente con este caballo. No se comportaba como otros caballos.

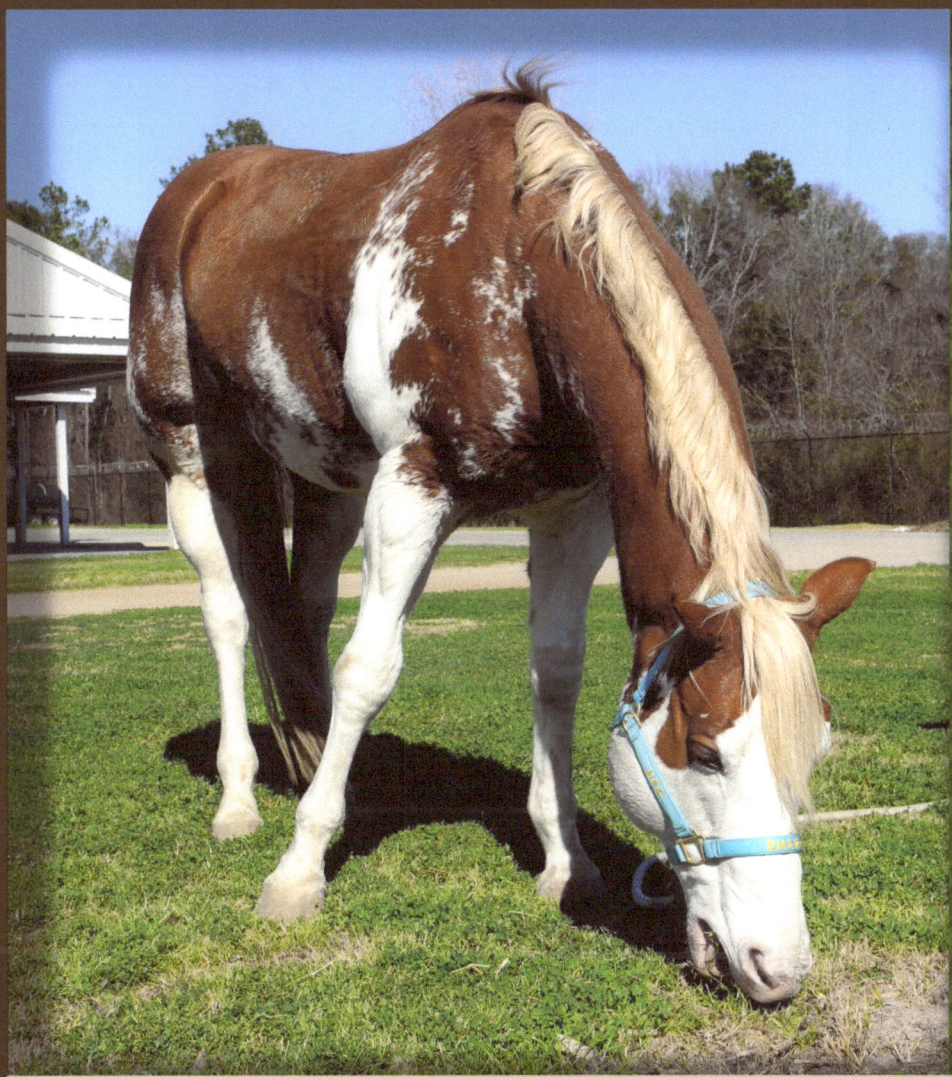

Resultó que Smash estaba sordo. Esta incapacidad no lo limito en el escenario. Por el éxito que tuvo, se hizo papá. Cuando sus bebes nacieron sordos también, retiraron a Smash. Lo mandaron a vivir en un rancho con Virginia Wagoner.

Virginia quería un futuro bueno para Smash. Sabía que él podía hacer mas que solo andar en el rancho viéndose guapo. Cuando descubrió que el equipo montado de la policía de Houston utiliza métodos de naturales de manejo de caballos en su programa de entrenamiento, pensó que allí Smash tendría nuevos éxitos. Lo mandó a la escuela para ser caballo policiaco!

Smash se hizo cadete en julio del 2013. Fue el primer caballo que celebro su graduación en Septiembre.

Un Día Típico

Para Smash

Desayuna a las seis de la mañana. Come avena fermentada y cebada descarcarillada, con su suplemento vitamínico. Le gusta remojar el heno en su agua antes de comérselo!

Luego pasa tiempo con su amigo Figgy. Los caballos son animales sociales que hacen conecciones con otros caballos y la gente a plazo largo. Pueden recordar amigos que no han visto por años.

¡Llegó la hora de trabajar! Smash y el Oficial Harris vigilan las áreas del la ciudad que lo necesitan. Una de sus funciones es ayudar con el control de los grupos de gente durante eventos como los partidos de futbol, los festivales, y los desfiles.

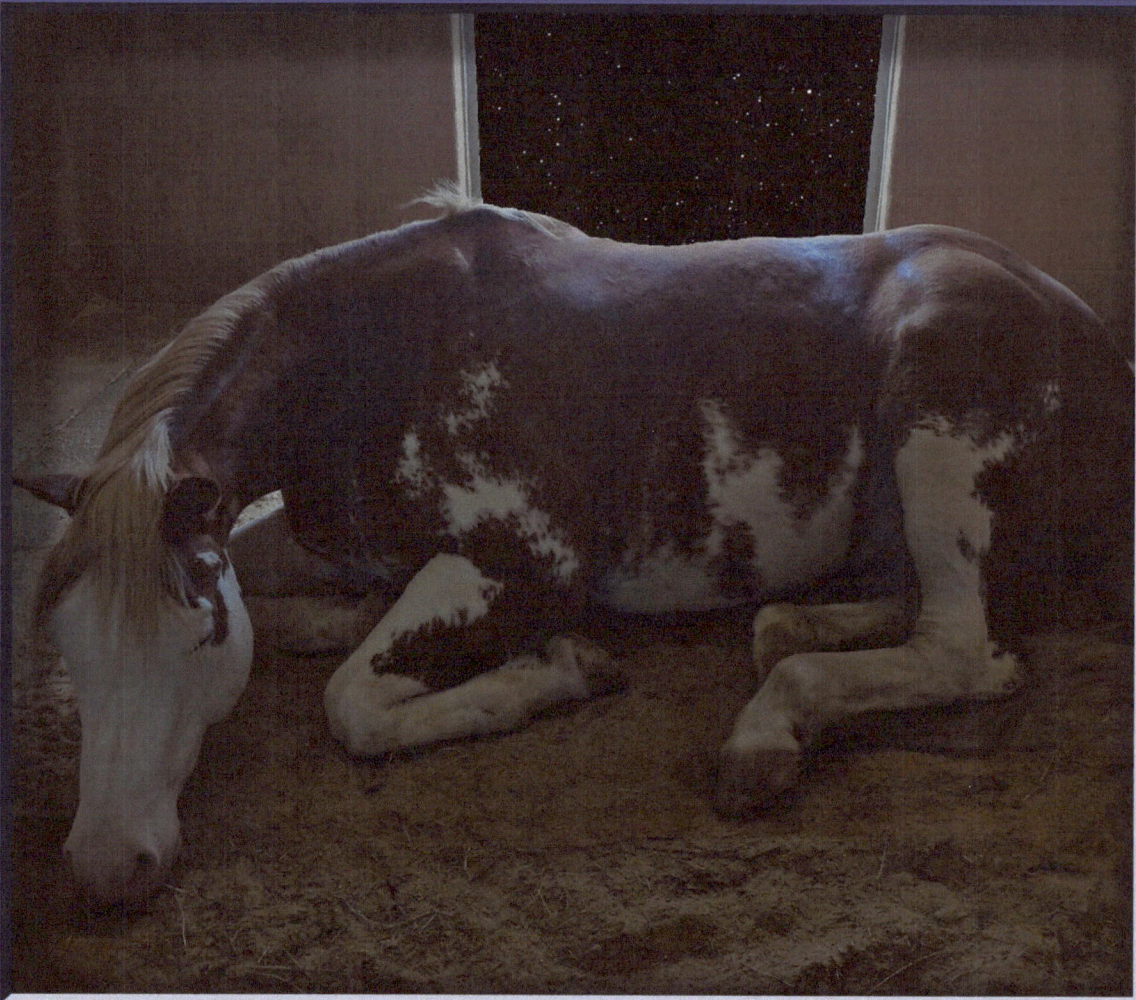

La comida se sirve a las seis de a tarde. Más avena y cebada, vitaminas y croquetas. Antes de dormir come un poco de heno de alfalfa a las ocho y media. ¡Qué rico! Buenas noches, Smash.

Punto de interés:
Los caballos adultos duermen tres de cada
veinticuatro horas. Los tendones y los
ligamentos de sus piernas se ponen
tiesos para sostenerlos mientras duermen
parados.

"*Todo es más que la suma de sus partes.*" *Arístóteles*

Parte 2

El Equipo

Katherine Richards celebró su fiesta de cumpleaños en los estables del equipo ecuestre de la policía de Houston. Algunos amigos de SIRE, un programa de uso terapéutico de caballos, la acompañaron. Durante el recorrido de los establos, las chicas conocieron al Oficial Equino, Smash.

"¿Porqué no tiene una placa de patrocinio?" pregunto Katherine.

"No ha encontrado un patrocinador," respondió el Sargento Wills. "A veces se tarda eso."

"Smash es un caballo con una incapacidad y nosotras somos chicas con incapacidades. Lo deberíamos de patrocinar nosotras." Las chicas todas estaban de acuerdo.

Katherine

Christi

Hillary

Meg

Ashley

Se necesitan $5000 anualmente para patrocinar a un caballo policiaco con HPD.
Las Chicas Smash sabían que tendrían que trabajar duro para recabar ese dinero.
Planearon ventas de galletas y eventos para recabar fondos en varios locales de
Smashburger. Las Chicas Smash llegaron a estar en la televisión, en los
periodicos, y en las redes sociales del internet. Empezaron a recabar fondos en
junio y para septiembre, ya tenían $10,000. Vendieron muchos pastelitos!
Una parte del dinero de la venta de este libro se destinará a seguir patrocinando
a Smash.

Molly White, una pintora Tejana, donó una pintura de Smash para que las chicas la pudieran usar en carteles para vender. Encontrar una manera para que Smash firmara su cartel no fue fácil, pero se encontró la manera. Le pusieron pintura en una pata, alzaron el cartel en una escalera, e hicieron que Smash pusiera su pata sobre el cartel. ¡La firma paerfecta!

El comandante del equipo montado de la policía de la ciudad de Nueva York, el Subinspector Barry Gelbman, invitó al las Chicas Smash. El Comandante las había escuchado cuando presentaron información en la junta de la Asociación de Comandantes de Equipos Montados de Norte América en marzo, y lo impresionaron tanto que quiso que vinieran de visita a Nueva York!

Durante su viaje en agosto del 2015, disfrutaron de un recorrido de los establos del NYPD, cepillaron y montaron los caballos, e hicieron un recorrido del puerto de Nueva York.

Punto de Interés:
Empezando desde el 1938, la
Policía Montada del Canadá
ha usado caballos negros
unicamente.

"Entre las qualidades que debe tener un héroe, yo incluiría la determinación, lealtad, coraje, perseverancia, paciencia, concentración, intrepidez, y el desinteres."
Ricky Martín

Ashley Billard

Smash es el primer animal que había conocido con incapacidades. Como esta sordo debe poner mas empeño que los otros caballos. Aun con su incapacidad, trabaja con excelencia como miembro de la Policía Montada de Houston.

Smash es mucho mas grande que usted. ¿Cuando lo conoció, acaso sintió miedo por eso?

Yo nunca le tuve miedo a Smash porque mi abuelo tenia caballos de carrera. Smash es muy grande pero se ve amigable por su cara gentil.

¿Cuál es su anécdota mas chistosa o feliz como Chica Smash?

A Smash le gusta que le pongan atención y usa su cabeza para que le preste mas cuando piensa que no le estoy haciendo el caso que quiere. Nunca me deja olvidarme que soy Chica Smash.

¿Que consejo le daría usted a alguien que quiere ayudar pero no sabe como hacerlo?

Cree en ti mismo teniendo orgullo de quien eres y ayuda a otros a creer en si mismos también. Comienza con solo un acto de amabilidad y harás una diferencia en este mundo.

Smash es un caballo especial, igual que yo soy una chica especial. Tiene obstáculos como yo, sin embargo logra hacer su trabajo.

¿Qué te gusta hacer cuando no estas ocupada con Smash?

Trabajo en Brookwood, juego tenis, y me gusta hacer artesanías.

¿Cuál es su anécdota mas chistosa o feliz como Chica Smash?

Cuando fuimos a visitar al NYPD en la ciudad de Nueva York.

¿Si pudieras tener un poder de superhéroe, cuál seria?

Me gustaría poder volar.

Hillary Kern

Meg Norman

Smash es muy guapo. Aunque es un caballo incapacitado, quiere ser miembro de la Policía Montada. ¡Yo pienso que eso es fantástico!

¿Qué te gusta hacer cuando no estas ocupada con Smash?

Me encanta la natación, el tenis, el volibol, y hacer Zumba. Me gusta viajar. También trabajo de voluntario en las oficinas del las Olimpiadas Especiales y con Artistas en Acción con los que hago tarjetas para los pacientes en el los hospitales del VA y en casas para pacientes desahuciados.

¿Qué es algo que te gustaría que la gente supiera de ti?

Escribo poesías.

¿Qué consejo le daría usted a alguien que quiere ayudar pero no sabe como hacerlo?

¡Persigue tu corazón, persigue tus sueños, y no dejes que nadie te convenza que no se puede!

¡Amo a Smash! Él tiene incapacidades igual que yo. Me gusta bañarlo y cepillarlo. Es relajante para los dos. Smash esta sordo, pero no importa. Aun puede servir de caballo policiaco. Puede tener éxito en cualquier cosa, igual que yo. Solo tienes que echarle ganas.

¿Qué te gusta hacer cuando no estas ocupada con Smash?

Cuando no estoy con Smash, juego mucho tenis y entro en competencias por todo el mundo. También tomo clases de montar a caballo y trabajo como voluntario con el equipo policiaco montado de Houston. Me gusta descender en rappel de los edificios junto con Ashley. Me gusta viajar e ir al teatro. Tengo un trabajo también.

Smash es mucho mas grande que usted. ¿Cuando lo conoció, acaso sintió miedo por eso?

Al principio todos los caballos me ponían de nervios por ser tan grandes. Los oficiales me enseñaron como estar bien alrededor de ellos y eso me quito los nervios.

¿Qué consejo le daría usted a alguien que quiere ayudar pero no sabe como hacerlo?

Mi corazón me dice qué debo hacer. Smash me necesitaba y por eso yo y mis amigas lo patrocinamos. Escoge una meta y sigue echándole ganas hasta lograrla. A veces es difícil pero no te des por vencido.

Katherine Richards

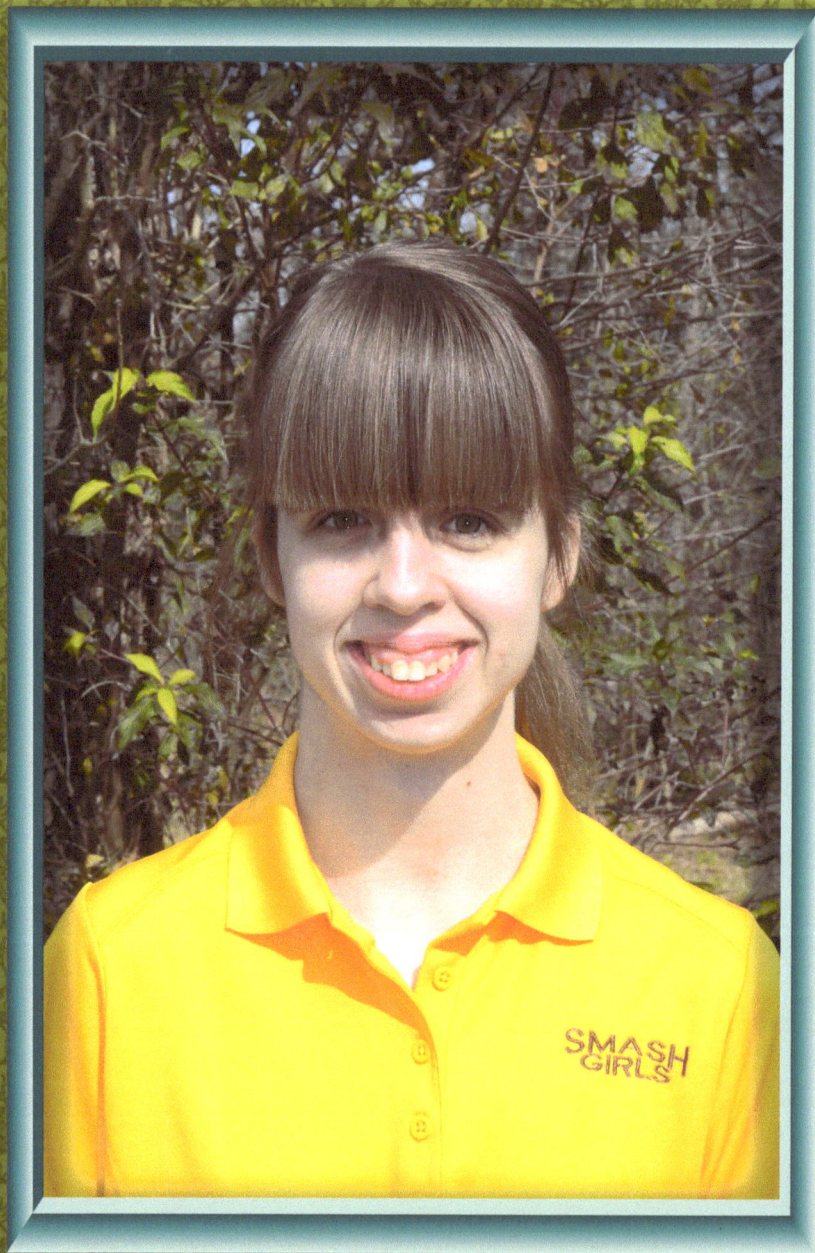

Christi Roberts

Smash es un buen caballo, noble animalito. Es divertido y tiene mucha energía. Yo quiero patrocinarlo porque tiene incapacidades, igual que yo.

¿Cuál es su anécdota mas chistosa o feliz como Chica Smash?

Me divierte ver cuando le lavan los dientes a Smash. Empieza a dormirse. Me encantaría poder dormirme cuando me lavan los dientes a mi.

¿Si pudieras tener un poder de superhéroe, cuál seria?

Me gustaría ser invisible para salir a patrullar y ayudarle a Smash.

¿Qué consejo le daría usted a alguien que quiere ayudar pero no sabe como hacerlo?

Se tal como eres y no te des por vencido.

He trabajado con Smash desde julio del 2013.

Usted a comentado que estar sordo es bueno para Smash porque los caballos policiacos pasan mucho tiempo en lugares ruidosos. Los lugares ruidosos espantan a los caballos. ¿Smash ayuda a los otros caballos a que se sientan mas tranquilos cuando hay momentos de mucho ruido y actividad?

Porque los caballos reaccionan de acuerdo a cómo reaccionan los demás caballos, definitivamente siento que Smash tiene un efecto positivo sobre los demás caballos porque no reacciona de nervios en esas situaciones.

Los jinetes pueden usar su peso, jalar las riendas, o apretar con sus piernas para indicarle al caballo a donde debe ir y qué tan rápido debe proceder. Muchos jinetes también usan su voz para esto. ¿Como Smash no puede oírte haciendo ruido para que aumente su paso, o diciéndole "¡So!" para pararlo, cómo se comunica usted con Smash?

Los caballos se comunican entre ellos mismos usando señales no verbales, y nosotros también las usamos. Usamos la aplicación de presión. Usamos la presión para motivarlo y relajamos esa presión para que aprehenda. Cuando presiono con mis piernas, Smash camina. Una vez que ya está andando, relajo la presión. Cuando quiero que pare, presiono con mi asiento, alzo las riendas, y le aplico presión para que pare. Si uso esta secuencia consistentemente, llega el momento en el que solito para cuando siente presión del la silla sin necesidad de use ni las riendas.

¿Si alguien quiere visitar a Smash en los establos, cuál es su golosina favorita? ¿Donde es el mejor lugar para hacerle caricias?

A Smash le encantan las manzanas y las zanahorias y le encanta que le rasquen en su cruz.

El Oficial Jeff Harris

La Sargenta Leslie Wills

Cuando Smash llegó a HPD, no acostumbraba compartir el campo con otros caballos. Tuvo confrontaciones con otros caballos, y no salió ganando. ¿Cómo le enseñaron a compartir ese espacio con los otros caballos?

Primero lo pusimos en un potrero cerca de los demás caballos para que se conocieran. Luego encontramos unos caballos de temperamento ecuánime para que los tuviera de amigos. Una vez teniendo amigos y no siendo una amenaza para líder de la manada se empezó a llevar bien con ellos.

Aparte de la sordera, el trabajo de caballo de presentacion es muy diferente al de caballo policía. ¿Cómo modificaron su entrenamiento para ayudarle a entender lo que se necesita en su nuevo empleo?

Smash era excelente en su trabajo como modelo. Tan pronto ve una cámara, e inmediatamente se endereza y alza sus orejas. La transición a caballo policía fue estrezantre puesto que debía salir y caminar por muchas horas. Hacer ejercicio no era su primera prioridad. Pero dándose cuenta de que entre mas lugares visita, mas gente conoce y más oportunidades tiene de que le den una golosina o de comer pasto, empezó a caminar todo el día entero.

¿Qué es una cosa que quisieras que la gente sepa acerca de Smash?

Smash es más que un caballo. Es un símbolo del hecho que no hay obstáculo que no se pueda superar. Y también que con apoyo de tu equipo no hay barrera que no puedas "Smash" romper!

Usted ha sido una defensora de la gente incapacitada y tiene una fundación desde 2006 para ayudar. ¿Qué le gustaría compartirle a la gente sobre las personas con incapacidades?

Todos tenemos necesidades especiales. Lo importante es no dejar que esto los limite. Lo que siente uno y lo que piensa uno es muy importante. Encuentra lo que te hace feliz y hazlo. Puede ser difícil al principio, pero no te des por vencido. Tus habilidades son innumerables.

Los padres que tienen hijos con incapacidades se enfrentan a dificultades diferentes a las de los demás padres de familia. ¿Qué consejo les daría usted?

Los hijos son una bendición y todos son únicos. Busca el don que tienen tus hijos y ayúdalos a que lo desarrollen. No tenga miedo de intentar algo nuevo. Ellos los sorprenderán.

Usted es la persona que maneja al las Chicas Smash y la página de Facebook de Smash. ¿Cuál es la mejor manera de conectarse con ustedes?

Lo mejor es visitar la página de Facebook de Smash.

Kim Richards

Molly Jackson White

He sido fanática de Smash y de las chicas Smash desde que comenzamos esta jornada. Yo pinté el retrato de Smash que usan para los posters que venden para recabar fondos. Esta copia la firmamos tanto yo como Smash.

¿Porqué escogió esa pose y ese fondo para retratar a Smash?

Escogí mi foto favorita de la página de Facebook de Smash. Para mí esta representa todo lo que él es y lo que hace. Con los edificios de la ciudad de Houston perfilados en el fondo, y con el puesto para trabajar y proteger a la ciudad, la foto cuenta su historia completa.

Usted tiene sus propios caballos. ¿Los usa de modelos también?

¡Crea lo o no, casi nunca pinto caballos a pesar de tener 5 en mi jardín! Los caballos son algo muy difícil de pintar para mí. La forma de sus cuerpos es tal que si tan solo fallas en algo muy pequeño, alguien que los conoce lo notará. No se ve bien. Me pasé horas y horas tratando de capturar bien a Smash, dibujando primero con carboncillo. Pintarlo fue lo fácil.

¿Qué es algo que le gustaría compartir con los que aspiran a ser artistas?

Siempre he amado el arte, pero no me considere lo suficientemente buena como para ser una profesional. ¡Lo que descubrí es que si esto es lo que amas, persigue el sueño! Mejorarás pronto con la practica. Como toda destreza, así como jugar tenis, tocar el piano, o lo que sea, es esencial que practiques.

A Smash lo doné al departamento de policía de Houston.

¿Cómo se enteró del programa de habilidad en el manejo natural de caballos del departamento montado de la policía de Houston?

Atreves de mi amigo, Cris Van Horn.

¿Qué le hizo pensar que sería bueno para Smash?

Supe que él seria bueno en esto por su personalidad tranquila y su cariño a los niños. Y como esta sordo, el ruido del tráfico y de la gente no le molesta. Mientras que estuvo conmigo les dio mucha confianza a mis hijas adoptivas y le encantaba que lo cepillaran y bañaran. Es un gigante manso a pesar de ser semental. Así fue que me di cuenta que era un caballo especial.

¿Qué es algo que compartiría con la gente acerca de los caballos Paint?

Los caballos de raza Paint son versátiles y desean complacer. Generalmente podrán hacer todo lo que se les pida.

Virginia Wagoner

Smash es un caballo increíble pero no lo puede hacer todo él solo. La gente es responsable de darle de comer a él y a sus compañeros, de limpiar los establos, de bañarlos y cepillarlos, de cortarles las pezuñas, y de limpiar sus sillas. Los caballos tienen que entrenar una vez al mes. Cuando Smash y sus amigos van a salir a trabajar, los llevan en el remolque para caballos, y alguien tiene que conducir. Nada de esta historia increíble sería posible sin este grupo de personas.

Hojas

Para Pintar

El 19 de mayo es el Día Nacional para Hornear en los Estados Unidos. Las ventas de alimentos horneados se han hecho desde por lo menos 1891.

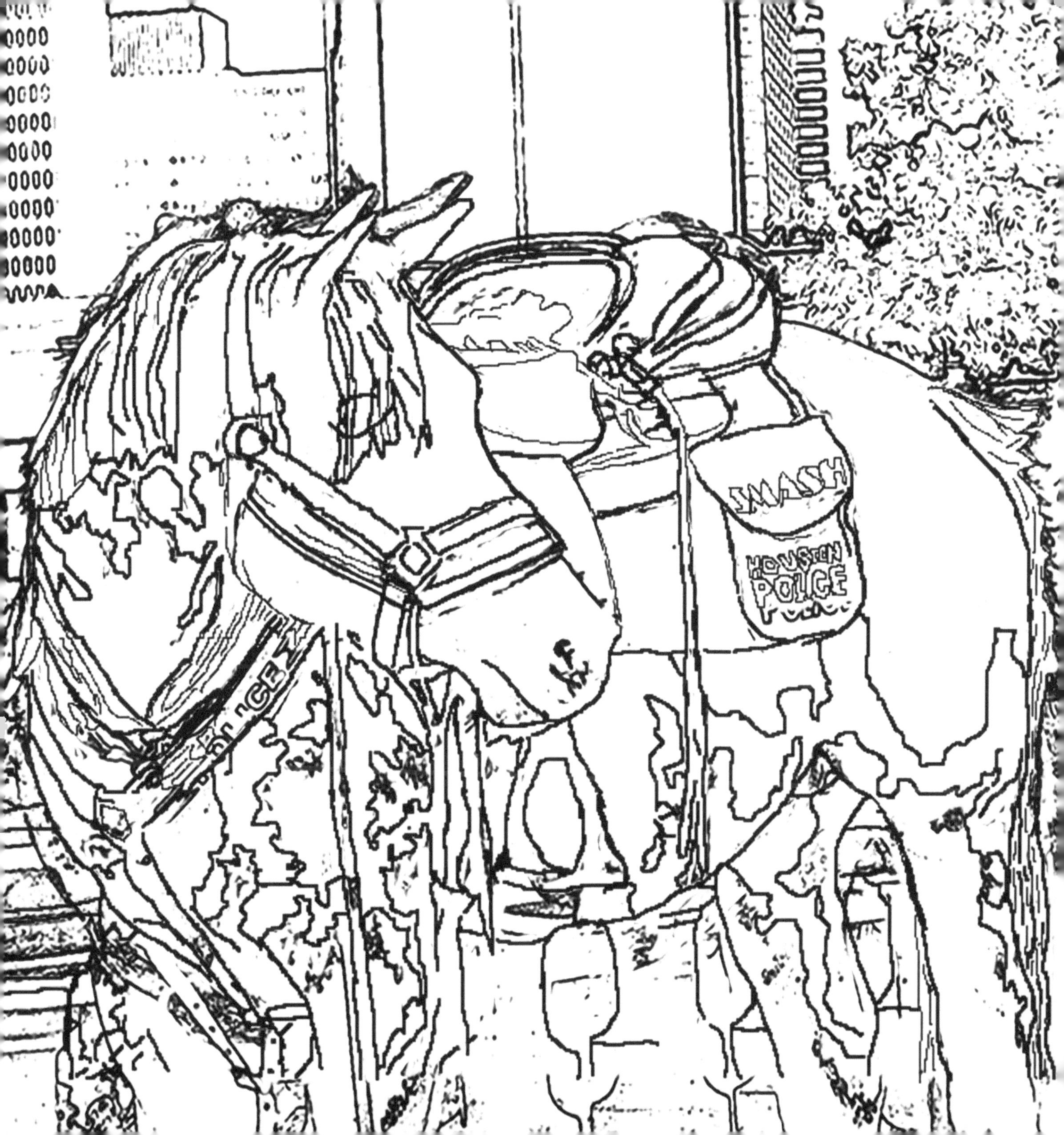
HOUSTON
POLICE

Punto de interés: la equinoterapia, o la hipoterapia, se ha usado desde la antigüedad para ayudar al la gente con incapacidades físicas o mentales, o con traumas emocionales, o problemas neurológicos.

Aunque el NYPD usó a los oficiales montados a caballo para patrullar Central Park desde que abrió en 1858, la unidad montada no se formalizó hasta 1871. Hay gente que les dice a los del equipo montado de NYPD oficiales en diez patas.

Punto de interés: Desde 2015, hay alrededor de un millón de caballos en el estado de Tejas. Casi la mitad de estos son de la raza 'cuarto de milla.'

A los tribus nómadas Comanche del las llanuras del sur de América del Norte les gustaban los Paint o los caballos Pinto mas que cualquier otro color. Un caballo casi exclusivamente blanco pero con una área de color en la parte de arriba de su cabeza y sus orejas (marca que se llama "medicine hat"), era la combinación mas preciada.

Punto de interés: El método de manejo natural de caballos es cuando la gente trabaja como pareja con ellos. Los caballos hacen lo que se les pide porque les gusta la persona que los dirige, no porque se les forzó. A la gente que usa este método se les dice "horse whisperers."

Un caballo normal come en promedio alrededor de 25 libras (11kilogramas) de heno y de semillas diario. Un caballo de tiro come lo doble de eso. Cada uno de los Clydesdale de la Budweiser bebe cinco galones, y además come 50 a 60 libras de heno todos los días.

Punto de interés: El Akhal-Teke es un tipo de caballo que parece ser metálico. Esto se debe a su pelo traslucido.

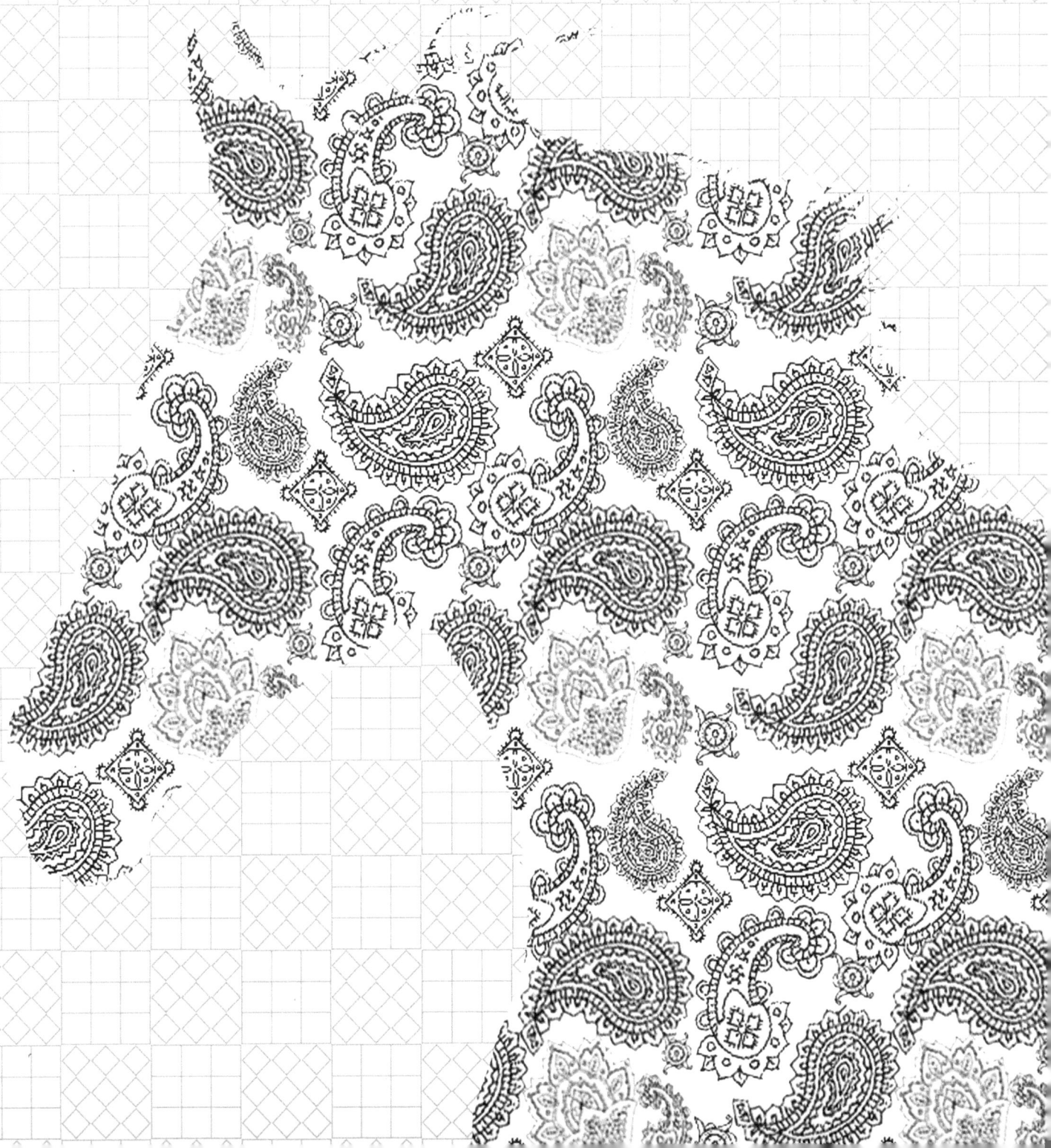

Punto de interés: El ancestro mas antiguo
del caballo, Hyracotherium (también
llamado Eohippus), vivió durante la época
Eoceno, hace 50 millones de anos. Era del
tamaño de un cocker spaniel.

"Tanto si piensas que puedes, como si piensas que no puedes — estas en lo cierto." Henry Ford.

Punto de interés: El famoso compositor, Ludwig von Beethoven, empezó a perder su audición en 1798. Cuando escribió su obra maestra, la Sinfonía No. 9, en 1824, estaba completamente sordo.

Lista de Menciones

Este libro no se hubiera logrado sin la ayuda inmensa del la Sargenta Leslie Wills de la policía montada de Houston y Kim Richards, una de las mamás de las chicas Smash. ¡Su dedicación inspira!

También, las gracias a los padres de todas las chicas Smash. Cuando descubrieron que sus hijas tenían incapacidades mentales, podrían haberlas encerrado en su casa. Pero no hicieron eso — las sacaron y las ayudaron a ser miembros activos de la comunidad. De no haber sido así, jamás se hubieran conocido. Cuando quisieron patrocinar a Smash, podrían haber escrito un cheque y para le de contar. Pero no hicieron eso — dejaron que ellas se coordinarán para cumplir su meta. Y por eso, esta mágica jornada se entablo.

Gracias a mi amiga y colega escritora, Monica Shaughnessy, que me ayudo a formular el plan para este libro sobre Smash durante el almuerzo en la conferencia del Houston Writers Guild.

Como siempre, todo mi amor a mi familia quienes me apoyan en este sueño de escritora.

Otros libros por Artemis Greenleaf

Para Lectores Jóvenes
Brain's Vacation
Carl the Vegetarian Vampire
Kara's Chirstmas Wish

Para Lectores Adolescentes y Semi-adolescentes
Earthbound
Cheval Bayard
Confessions of a Troll
Exit Point

Para Lectores Adultos
The Hanged Man's Wife
The Magician's Children
The Devil's Advocate

Bajo el Nombre de Coda Sterling
Dragon by Knight
Dragon Killer
Dragon Fire

Antologias
Space City 6
Tides of Impossibility
First Last Forever

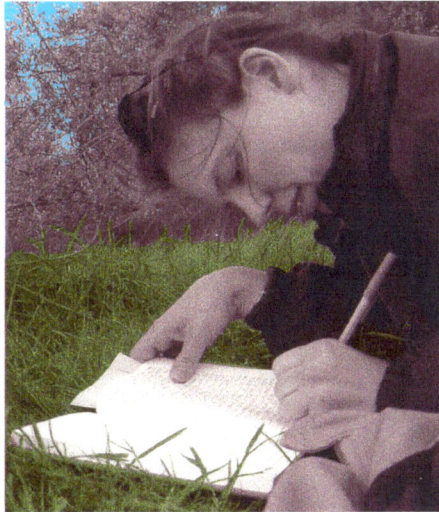

Artemis Greenleaf siempre ha tenido una fascinación con lo misterioso del mundo, y devoraba cuentos de hadas, cuentos folclóricos, y cuentos de fantasmas desde antes de saber leer por si misma. En 1995, tuvo una experiencia que casi le costo la vida y transformó su percepción del mundo. Sobrevivió para contárnoslo (y lo hace con frecuencia y en muchas variedades), y se casó con un extraterrestre. Vive en los suburbios salvajes de Houston, Tejas con su esposo, sus dos hijos, y su manada de mascotas. Escribe novelas, historietas, y piezas de no ficción, y sus trabajos han sido publicados en revistas y antologías. artemisgreenleaf.com.

Si disfruto de este libro, por favor considere hacerle reseña en su sito de internet favorito. ¡Gracias!

Punto de interés:
El tipo de caballo mas
pequeño es el Falabella
Miniatura de Argentina.
Esos caballos son
típicamente del tamaño de
8 manos (32 pulgadas) en
los hombros.

El Equipo Smash
Cinco Chicas Increíbles; Un Caballo Increíble
escrito por
Artemis Greenleaf
SOFTCOVER EDITION
PUBLISHED BY:
Black Mare Books
Houston, Texas
www.blackmarebooks.com

ISBN: 978-1-941502-60-0

El Equipo Smash
Cinco Chicas Increíbles; Un Caballo Increíble

Copyright © 2017 by Artemis Greenleaf

Punto de interés: El caballo mas grande que se ha documentado se llamó Sansón. Nació en Toddington Mills, Inglaterra, en 1846. Era de 21.2 1/2 manos de alto en los hombros — lo cual son 7 pies, 2.5 pulgadas. También tiene el record de ser el caballo mas pesado, siendo de 3,360 libras.

Photo Credits

Smash Girls' Portraits and Pictures with Smash
Provided by Photos by Rovo (http://www.photosbyrovo.com/)

Photo of Lost Creek Ranch and Smash as a Yearling
Provided by Stacey Kull

Photo of Virginia Wagoner
Provided by Virginia Wagoner

All Other Photos
Provided by the Houston Police Department

Los animales del
Zoo en Houston pintan sus
piezas de arte las cuales se
venden para recabar fondos
para mantenerlos y
cuidarlos.

RESOURCES

Want to learn more?

Smash's Facebook page:
https://www.facebook.com/SmashTheHoustonMountedPatrolHorse/

Smash's graduation ceremony:
https://youtu.be/PFi32X6tce0

Richards Family Foundation:
http://www.richardsfamilyfoundation.org/

HPD's Mounted Patrol website:
http://www.houstontx.gov/police/mounted/horses.htm

Houston Police Foundation:
http://www.houstonpolicefoundation.org/

SIRE Therapeutic Horsemanship:
http://sire-htec.org/

Pat Parelli Natural Horsemanship:
http://www.parelli.com/

Molly White Fine Art:
http://mollywhitefineart.com/